Alle eendjes zwemmen in het water

BIBLIOTHEEK SLOTERMEER
Slotermeerlaan 103E
1063 JN Amsterdam
Tel. 020 - 613 10 67   www.oba.nl

ISBN 978 90 00 30521 6

NUR 281

© 2012 Van Goor

Uitgeverij Unieboek | Het Spectrum bv

postbus 97

3990 DB Houten

www.van-goor.nl

www.unieboekspectrum.nl

www.vofdekunst.nl

www.janjutte.nl

www.ronvanroon.nl

Muziek VOF De Kunst
Illustraties Jan Jutte
Vormgeving Studio Ron van Roon

Alle

in

VOF De Kunst

eendjes

zwemmen

het

Met illustraties van
Jan Jutte

water

VAN GOOR

Ik zag twee beren

Ik zag twee beren
broodjes smeren,
o, dat was een wonder.
't Was een wonder,
boven wonder,
dat die beren smeren
konden.

Hi hi hi, ha ha ha.
'k Stond erbij en ik
keek ernaar.

Ik zag twee beren
broodjes smeren,
o, dat was een wonder.
't Was een wonder,
boven wonder,
dat die beren smeren
konden.

Hi hi hi, ha ha ha.
'k Stond erbij en ik
keek ernaar.

Papegaai

Ik heb sinds kort een mooie vogel,
met van die blauw- en groen- en
geelgekleurde veren door elkaar.
Hij vliegt nog sneller dan een kogel.
Alleen, hij praat een beetje raar (niet waar).

Ik ben de hele dag in touw, zeg,
van 's morgens vroeg tot 's avonds elf.
Maar steeds wanneer ik koppie krauw zeg,
dan zegt-ie: 'Krauw je koppie lekker zelf.'

Mijn papegaai (papegaai),
mijn papegaai (papegaai),
is een behoorlijk eigenwijze papegaai
(papegaai).
Hij kan wel napraten, maar dat doet-ie
maar zelden.
Hij zegt altijd het tegenovergestelde.
Papegaai (papegaai),
papegaai (papegaai),
is een behoorlijk eigenwijze papegaai
(papegaai).

Zeg ik bijvoorbeeld netjes 'goedemorgen',
dan zegt-ie elke keer weer keihard
'welterusten' tegen mij.
En als ik zeg: 'Ik maak me zorgen',
dan krast-ie lachend: 'Ik ben blij.'

Hoewel hij vaak best negatief is,
want wat ik goed vind, vindt hij fout.
En als ik zeg dat-ie lief is,
dan roept-ie keihard: 'Nee, ik ben stout.'

Mijn papegaai (papegaai),
papegaai (papegaai),
is een behoorlijk eigenwijze papegaai
(papegaai).
Hij kan wel napraten, maar dat doet-ie
maar zelden.
Hij zegt altijd het tegenovergestelde.
Papegaai (papegaai),
papegaai (papegaai),
is een behoorlijk eigenwijze papegaai
(papegaai).

En ook al zegt-ie dan precies
het omgekeerde of nog gekker,
zodat ik mijn geduld verlies
en baal als een stekker,
toch hoort-ie nooit van mij geknies,
geknor, gemopper of gemekker
en al zeg ik: 'Bah, wat is mijn bloemkool vies...
of mijn andijvie...
of mijn spruitjes...'
dan vindt hij dat juist
weer lekker!

En dan eet-ie mijn hele bord leeg!

Papegaai (papegaai),
papegaai (papegaai),
is een behoorlijk eigenwijze
papegaai (papegaai).
Hij kan wel napraten, maar dat doet-ie
maar zelden.
Hij zegt altijd het tegenovergestelde.

Papegaai (papegaai),
papegaai (papegaai),
is een behoorlijk eigenwijze
papegaai (papegaai).

Balken als de beste

Ze zeggen dat ik niet kan zingen,
want ezels zijn niet muzikaal.
En toch kan ik mij niet bedwingen,
'k zing graag in mijn eigen taal.

'k Heb al mijn liedjes zelf verzonnen,
terwijl 'k aan wortels dacht en hooi.
Stel dat ik *Idols* had gewonnen,
nou, dan vond iedereen ze mooi.

Ik kan balken als de beste
en daarbij maak ik nooit een fout.
'k Hoor gebalk in veel orkesten,
een viool is ook van hout.

Ik kan balken als de beste
en daarbij maak ik nooit een fout.
'k Hoor gebalk in veel orkesten,
een viool is ook van hout.

Wat zou ik graag concerten geven,
met fluit, piano en gitaar.
Violen ook, een stuk of zeven,
't klinkt prachtig bij elkaar.

Ze zouden dat eens moeten horen,
mijn stem vermengd met een hobo.
Niemand geloofde dan zijn oren,
ze riepen allemaal: 'Bravo!'

Ik kan balken als de beste
en daarbij maak ik nooit een fout.
'k Hoor gebalk in veel orkesten,
een viool is ook van hout.

Ik kan balken als de beste
en daarbij maak ik nooit een fout.
'k Hoor gebalk in veel orkesten,
een viool is ook van hout.

Echt waar, ik ben een goeie zanger.
Denk maar eens aan een xylofoon,
die balkjes worden ook steeds langer.
Dat is voor ezels heel gewoon.

Kijk, op een balk staan veel noten,
ik oefen altijd 's morgens vroeg.
Wie wil er mijn talent promoten,
mijn liedjesboek is dik genoeg.

Ik kan balken als de beste
en daarbij maak ik nooit een fout.
'k Hoor gebalk in veel orkesten,
een viool is ook van hout.

Ik kan balken als de beste
en daarbij maak ik nooit een fout.
'k Hoor gebalk in veel orkesten,
een viool is ook van hout.

Ik kan balken als de beste
en daarbij maak ik nooit een fout.
'k Hoor gebalk in veel orkesten,
een viool is ook van hout.

Poesje mauw

Poesje mauw,
kom eens gauw.
Ik heb lekkere melk voor jou.
En voor mij,
rijstebrij.
O, wat heerlijk smullen wij.

Poesje mauw,
kom eens gauw.
Ik heb lekkere melk voor jou.
En voor mij,
rijstebrij.
O, wat heerlijk smullen wij.

Ratjetoe

Hé jongens, meisjes, opgelet:
hier komt een leuk verhaal.
Daar houden jullie vast wel van,
dus luister allemaal.

't Gaat over Roderick de rat,
hij woonde in 't riool.
Als Roderick een dutje deed,
waren jullie nog op school.

Gingen jullie slapen,
dan kwam Roderick uit z'n buis.
Hij at een vuilniszakje leeg,
dan ging-ie weer naar huis.

De mensen klaagden
steen en been,
over deze rat.
Hij had al dertig kindertjes
en vuilnis was er zat.

Ratjetoe, ratjetoe.
Als jij je vuil laat slingeren,
krijg jij een ratje toe.
Ratjetoe,
een korstje brood als
voorgerecht
en een vuilniszakje toe.

Toen zei de burgemeester:
'Luister goed, ik heb een plan.
We gaan de ratten vangen,
want daar komen ziektes van.'

Er kwamen rattenvangers
en die hielden iedere nacht,
bij elke uitgang van 't riool,
bijzonder trouw de wacht.

Ratjetoe, ratjetoe.
Als jij je vuil laat slingeren,
krijg jij een ratje toe.
Ratjetoe,
een korstje brood als
voorgerecht
en een vuilniszakje toe.

Roderick was van de kaart
en sprak tot zijn gezin:
'Dit zijn geen muizenissen
meer,
we gaan de wereld in.'

Nu woont hij in de kelder
van het burgemeestershuis,
vol met vuilniszakken
dus hij voelt zich prima thuis.

Ratjetoe, ratjetoe.
Als jij je vuil laat
slingeren,
krijg jij een ratje toe.
Ratjetoe,
een korstje brood
als voorgerecht
en een vuilniszakje toe.

Frank de oester

Hé, daar is oester Frank,
die werkt daar bij de oesterbank.
En iedereen die parels spaart,
weet die worden op de oesterbank bewaard.

'Frank, wat doe je hier?!
Jij bent toch de oesterbankier?'
'Nee,' zegt Frank, 'ik heb nu geen tijd,
want ik ben de parels kwijt.'

Weet jij waarom Frank de oester baalt?
Iemand heeft de parels uit de oesterbank gehaald.
Die parels moeten echt heel vlug
naar de oesterbank terug.

Frank kijkt onder elke steen
en hij vraagt het iedereen.
Hij klopt bij alle oesters aan,
die dan een beetje opengaan.

'De parels zijn bij mij vermist,
stiekem uit de oesterbank gevist.
Heeft iemand soms een dief gezien,
een inktvis of een rog misschien?!'

Weet jij waarom Frank de oester baalt?
Iemand heeft de parels uit de oesterbank gehaald.
Die parels moeten echt heel vlug
naar de oesterbank terug.

Frank is echt ten einde raad,
als Jan de mossel opengaat.
Hij had de oesterbank net schoongemaakt
en toen zijn de parels zoekgeraakt.

'Oeps...' zegt mossel Jan.
'Ze zitten vast nog in een koekenpan.
Ik ben ze vergeten terug te doen.'
En Frank zegt: 'Jan jij bent een oen!'

Weet jij waarom Frank de oester baalt?
Iemand heeft de parels uit de oesterbank gehaald.
Die parels moeten echt heel vlug
naar de oesterbank terug.

Weet jij waarom Frank de oester baalt?
Iemand heeft de parels uit de oesterbank gehaald.
Die parels moeten echt heel vlug
naar de oesterbank terug.

Mijn hondje en ik

Mijn vader heeft geen tijd voor mij,
ik lig allang in bed
als-ie thuiskomt 's avonds om een uur of tien.
En mijn moeder die heeft ook een baan,
is ook zo drukbezet,
krijg ik vaak ook hele dagen niet te zien.
Maar het geeft niet, echt, het geeft niet
al die drukte wijd en zijd.
Want ik heb een eigen vriendje
en mijn vriend heeft alle tijd.

Ik en mijn hondje,
mijn hondje en ik.

Met z'n beiden
niet te scheiden,
onverbrekelijk een paar.
Kijk ons tweeën
'ns tevreden
lekker lopen met elkaar.
Elke keer hetzelfde rondje
en toch altijd weer een kick.

Ik en mijn hondje,
ik en mijn hondje,
mijn hondje en ik.

Hij springt omhoog als-ie me ziet,
want nooit is-ie te moe
en van puur genoegen rolt-ie op z'n rug.
Ik gooi een stok weg of een bal.
Daar rent-ie dan naartoe
en hij brengt 'm honderdduizend keer terug.

Dat mijn vader en mijn moeder
aan het werk zijn, maakt niet uit.
Want ik heb een eigen vriendje
met 'n eigenwijze snuit.

Ik en mijn hondje,
mijn hondje en ik.

Met z'n beiden
niet te scheiden,
onverbrekelijk een paar.
Kijk ons tweeën
'ns tevreden
lekker lopen met elkaar.
Elke keer hetzelfde rondje
en toch altijd weer een kick.

Ik en mijn hondje,
ik en mijn hondje,
mijn hondje en ik.

's Avonds kruipt-ie in z'n mandje
en hij geeft me nog een knipoog
en ik weet wat dat betekent, min of meer.
Dat betekent: morgen weer,
dat betekent: morgen weer.

Ik en mijn hondje,
mijn hondje en ik.

Met z'n beiden
niet te scheiden,
onverbrekelijk een paar.
Kijk ons tweeën
'ns tevreden
lekker lopen met elkaar.
Elke keer hetzelfde rondje
en toch altijd weer een kick.

Ik en mijn hondje,
ik en mijn hondje,
mijn hondje en ik.

IJsbeertjes

Alle mensen hebben zo hun favorieten,
mijn oom gaat met z'n hond een straatje om.
En mijn tante heeft een heleboel parkieten
en een goudvis in een kom (vinnik wel ontzettend stom).
Maar mijn eigen favorieten kun je zien op de teevee,
't zijn zulke lieve diertjes – kijk, daar heb je d'r weer twee.

IJsbeertjes, ijsbeertjes.
Piepkleine ijsbeertjes vind ik zo lief.
IJsbeertjes, ijsbeertjes.
Piepkleine ijsbeertjes,
dat zijn de knuffeltjes waar ik van hou.

En ik weet nu al dat ik op een dag
op reis ga,
per vliegtuig of per motorboot
misschien.

En je kunt wel raden dat ik naar het ijs ga
om de ijsbeertjes te zien (ook al vriest het dan min tien).
Ja, het zal behoorlijk fris zijn, maar dat hindert niet, o nee.
Ik neem vanzelf een speeltje of een ijsje voor ze mee.

IJsbeertjes, ijsbeertjes.
Piepkleine ijsbeertjes vind ik zo lief.
IJsbeertjes, ijsbeertjes.
Piepkleine ijsbeertjes,
dat zijn de knuffeltjes waar ik van hou.

En het liefste roep ik tegen alle beertjes
die er zijn:
'Niet gaan groeien, niet gaan groeien.
Lieve beertjes, blijf maar klein.'

IJsbeertjes, ijsbeertjes.
Piepkleine ijsbeertjes vind ik zo lief.
IJsbeertjes, ijsbeertjes.
Piepkleine ijsbeertjes,
helemaal wit en geweldig
actief,
samen met moeder gezellig
op sjouw.

IJsbeertjes, ijsbeertjes.
Piepkleine ijsbeertjes,
dat zijn de knuffeltjes
waar ik van hou.

Alle eendjes
zwemmen
in het water

Alle eendjes zwemmen in het water.
Falderalderiere,
falderalderare.
Alle eendjes zwemmen in het water.
Falderalderalderalderalderaldera.

Alle eendjes zwemmen in het water.
Falderalderiere,
falderalderare.
Alle eendjes zwemmen in het water.
Falderalderalderalderalderal...

Er zaten zeven kikkertjes

Er zaten zeven kikkertjes
al in een boerensloot.
De sloot was toegevroren,
de kikkertjes halfdood.
Ze kwekten niet, ze kwaakten niet
van honger en verdriet.
Er zaten zeven kikkertjes
al in een boerensloot.

Er zaten zeven kikkertjes
al in een boerensloot.
De sloot was toegevroren,
de kikkertjes halfdood.
Ze kwekten niet, ze kwaakten niet
van honger en verdriet.
Er zaten zeven kikkertjes
al in een boerensloot.

Er zaten zeven kikkertjes
al in een boerensloot.

Hansje Pansje
Kevertje

Hansje Pansje Kevertje,
die klom eens op een hek.
Neer viel de regen,
die spoelde alles weg.
Op kwam de zon,
die maakte alles droog.
Hansje Pansje Kevertje,
die klom toen weer omhoog.

Hansje Pansje Kevertje,
die klom eens op een hek.
Neer viel de regen,
die spoelde alles weg.
Op kwam de zon,
die maakte alles droog.
Hansje Pansje Kevertje,
die klom toen weer omhoog.

Mijn
cavia

Een Nederlandse zeeman ging
op reis rond vijftienhonderd.
Hij kwam in Zuid-Amerika en
keek enorm verwonderd.
Er leefden leuke beestjes bij
een Indiaanse stam,
heel vriendelijk en harig en
vooral geweldig tam.
De zeeman dacht: dat is iets
voor mijn kinderen, zo'n dier
en via via via kwam de cavia
naar hier.

Ik hou zo van mijn cavia,
cavia, cavia.
Ik hou zo van mijn cavia,
ik aai zo graag z'n vacht.
Ik hou zo van mijn cavia,
cavia, cavia.
Ik hou zo van mijn cavia,
hij is zo lekker zacht.

Die Nederlandse zeeman nam
wat cavia's aan boord dus.
Een zeugje en een beertje en
die plantten zich toen voort dus.
En toen het schip terugkwam
na een tocht door weer en wind,
had iedere matroos een klein
cadeautje voor z'n vrind.

Zo werden Jantje, Pietje,
Keesje, Coby en Aleid,
Sofia, Mia, Ria met een cavia
verblijd.

Ik hou zo van mijn cavia,
cavia, cavia.
Ik hou zo van mijn cavia,
ik aai zo graag z'n vacht.
Ik hou zo van mijn cavia,
cavia, cavia.
Ik hou zo van mijn cavia,
hij is zo lekker zacht.

Soms kijk ik naar m'n cavia,
waar denkt zo'n dier nou aan?
Tsja... Hij denkt aan
Zuid-Amerika,
want daar komt-ie vandaan.

Ik hou zo van mijn cavia,
cavia, cavia.
Ik hou zo van mijn cavia,
ik aai zo graag z'n vacht.
Ik hou zo van mijn cavia,
cavia, cavia.
Ik hou zo van mijn cavia,
hij is zo lekker zacht.

Beestenlied

Wohoo wohoo, wohoo wohoo,
wohoo wohoo, wohoo wohoo.

Wohoo wohoo, wohoo wohoo,
wohoo wohoo, wohoo wohoo.

Beesten, beesten, allemaal beesten.
Bontgekleurde beren, gave brullende en
briesende beesten.
We gaan vandaag met alle beesten feesten,
wij met zes en zij met de meeste.

De beesten zijn de baas,
de beesten zijn de baas,
en onze naam is haaaaaaas.

Ik hou ook erg van krokodillen,
die vind ik dus ontzettend stoer.
Ik zou er best wel eentje willen,
maar ik heb geen geld voor voer.
Zo'n krokodil dat lijkt me vet,
dan kruipt-ie lekker onder m'n bed.

Beesten, beesten, allemaal beesten.
Bontgekleurde beren, gave brullende en
briesende beesten.
We gaan vandaag met alle beesten feesten,
wij met zes en zij met de meeste.

De beesten zijn de baas,
de beesten zijn de baas,
en onze naam is haaaaaaas.

Ik hou van papegaaien,
ik heb er al een tijdje één.
Ik zou hem best wel willen aaien,
maar dan bijt-ie heel gemeen.
Dan roept-ie keihard in m'n oor:
'Wij beesten hebben jullie door!'

Beesten, beesten, allemaal beesten.
Bontgekleurde beren, gave brullende en
briesende beesten.
We gaan vandaag met alle beesten feesten,
wij met zes en zij met de meeste.

De beesten zijn de baas,
de beesten zijn de baas,
en onze naam is haaaaaaas.

Onze naam is haaaaaaas...

Beesten, beesten, allemaal beesten.
Beesten, beesten, allemaal beesten.

Een spinnetje, een spinnetje

Een spinnetje, een spinnetje,
die zocht eens een vriendinnetje.
Ze zocht eens hier, ze zocht eens daar.
Och, had ze haar vriendinnetje maar.
Ze zocht eens hier, ze zocht eens daar.
Och, had ze haar vriendinnetje maar.

Een spinnetje, een spinnetje,
die zocht eens een vriendinnetje.
Ze zocht eens hier, ze zocht eens daar.
Och, had ze haar vriendinnetje maar.
Ze zocht eens hier, ze zocht eens daar.
Och, had ze haar vriendinnetje maar.

Uit Artis is een beer ontsnapt

Uit Artis is een beer ontsnapt.
Een beer ontsnapt?
Ja, een beer ontsnapt.
Hij heeft bij Albert Heijn gegapt.
Tjonge, wat een boef!

Een honingpot, een krentencake
en zuurtjes voor een hele week.
Een groot pak sprits voor bij de thee.
Dat nam-ie allemaal mee.

Nu ligt hij languit op zijn rug.
Op zijn rug?
Ja, op zijn rug.
Hij wil nooit meer naar Artis terug.
Tjonge, wat een boef!

Inhoud

Alle liedjes © VOF De Kunst, tenzij anders vermeld

VOF De Kunst
Nol Havens - zang
Hans Klein - gitaar
Ocki Klootwijk - basgitaar
Robert de Kok - saxofoon en andere instrumenten
Tijn Smit - keyboards, piano
Mark Stoop - drums, percussie

Techniek: Pierre Geoffroy Chateau / Frank Winkelman
Opgenomen in: Studio Chateau, Tilburg